BLOGGING PARA OBTENER GANANCIAS EN 2020

LA GUÍA PARA PRINCIPIANTES PARA DESARROLLAR UN SITIO WEB CON WORDPRESS, CREANDO UN BLOG QUE GENERA UTILIDADES, Y HACER DINERO EN LÍNEA A TRAVÉS DEL MARKETING DE AFILIADOS Y REDES SOCIALES. DESCUBRE CÓMO OBTENER INGRESOS PASIVOS, REEMPLAZA TU TRABAJO, Y DOMINA EL SEO

PABLO AVITIA

ÍNDICE

INTRODUCCIÓN

En la era de la híper conectividad poder desarrollar métodos de trabajo que ayude a lograr la libertad en varias direcciones, (financiera, de tiempo, etc.) una de las estrategias que está en la mira de muchos es lograr usar la herramienta por excelencia de hoy en día para llegar a este cometido.

Es que el mundo web sin duda alguna se ha convertido en la opción principal para muchos que han decidido ser sus propios jefes, esto sin ser limitante para que muchos lleven a cabo proyectos de envergadura como inversiones empresariales o arrojarse de manera atrevida al mundo del mercadeo, sin embargo, indudablemente es a través de internet que se llevan a cabo gran parte de su campaña publicitaria.

Lograr hacer dinero a través de la web sin duda es la manera favorita hoy por hoy, y es que dada la versatilidad que ofrece el mundo web, sería una verdadera pérdida de tiempo no aprovechar las bondades que nos ofrece esta herramienta, bondades que podrían ser en algunos casos completamente gratuitos y en otros más eficaces podrían requerir una cierta inversión que sin lugar a dudas se podrían multiplicar de manera vertiginosa, y sin temor a exagerar podríamos incluso asegurar que podrían llegar a acumular verdaderas fortunas.

De lo que acabo de decir vemos un sinfín de historias interesantes, cientos de personas han logrado de manera creativa, otros sin duda con algo de suerte o por circunstancias varias, acumular fortunas maravillosas que en algunos casos hasta les tomó por sorpresa, casos como el de Chris Clark quien hizo una pequeña inversión de 20 dólares americanos por una página web, que años más tarde subastó logrando una venta por encima de los dos millones de dólares.

Un curioso y muy particular caso fue el del millonario Ken Ahroni, quien tuvo una idea extraña que fue vender versiones o réplicas de los huesitos de la buena suerte hechos de plástico, por aquella tradición del huesito solitario que es tomado de ambas parte por dos personas para pedir un deseo, a través de esta peculiar estrategia comercial su página logró posicionarlo rápidamente entre el grupo de personas que habían rebasado el millón de dólares a través de internet.

Las maneras de lograr monetizar a través de internet son muy variadas, y si bien todas y cada una de ellas te ofrece una manera muy particular de lograr tus objetivos comerciales, quiero ahora presentarte una herramienta que durante muchos años ha sido la favorita de millones de personas, me refiero desde luego al blog.

De acuerdo a muchas fuentes, el blog tuvo su nacimiento el año 1994 cuando un joven llamado Justin Hall haría la primera versión de página web con el fin de compartir asuntos de su vida privada, desde entonces al salto que ha dado la historia del blog ha sido verdaderamente impresionante.

Lo cierto es que, es a través del blog que muchas personas han logrado el objetivo de ganar dinero y salir de la dependencia laboral, por ello y dado el gran potencial que posee esta maravillosa herramienta, ha ido progresando fantásticamente y ha crecido de manera exponencial la industria de este nicho.

Son ya cientos de empresas que se han dado la tarea de desarrollar elementos que han convertido esta herramienta en una gran oportunidad por la versatilidad y los grandes beneficios que ofrece.

Convertirte en un blogger es una tarea que distó hace muchos años de ser difícil, y es esta la razón por la cual se hace tan interesante este medio de trabajo, la facilidad de desarrollar tu propio blog y comenzar a monetizar con él, no es un proyecto que requiera de años de estudios y pasantías, solo necesitas un poco de buena información y caminar de la mano de algunos expertos, cuya experiencia por cierto, la han adquirido posiblemente al igual que tú.

Eso traemos a continuación, veamos cuales son los beneficios que te puede ofrecer esta maravillosa y fantástica herramienta y descubre la manera más efectiva de cómo hacer dinero con tu blog.

¿POR QUÉ TENER UN BLOG?

*L*a era histórica en la que nos encontramos trae una característica sumamente importante e interesante, y esa de la que hablamos es la necesidad de muchos de los individuos o empresas, de estar presente en una de las herramientas más poderosas de todos los tiempos para alcanzar público con el objetivo que sea.

Sin duda alguna que el internet es el medio más eficaz en la actualidad para lograr llegar a un público objetivo con fines determinados, además de esto, los medios a través de los cuales se puede lograr el objetivo del que estamos hablando, las diferentes maneras de llegar a ellos es otro tema que podría abarcar varios libros llenos de toda suerte de información y recomendaciones, el internet podríamos decir que es lo más parecido a un universo paralelo, que por cierto nos ha abierto las puertas a crear todo tipo de oportunidades por medio de él.

En la búsqueda incesante en la que nos podemos encontrarnos día a día de encontrar métodos alternos a través de los cuales podamos progresar y tener de alguna forma mayor control sobre nuestras vidas, el mundo del internet ha venido a convertirse desde luego en uno de los medios más utilizados para lograr el maravilloso de objetivo de alcanzar la libertad financiera, y traducirlo además en libertad absoluta.

Como ya lo he dicho las formas son totalmente diversas, algunos optan por monetizar haciendo uso de herramientas audiovisuales a través de algunas plataformas, otros haciendo el mejor uso de las redes sociales y un buen etcétera, sin embargo una de las herramientas maravillosas para lograr monetizar y que se encuentra totalmente al alcance de todos es sin duda esta en la que nos hemos enfocado ahora mismo, el blog.

¿Qué es un blog?

La primera tarea será despejar cualquier duda sobre lo que es un blog y todo lo que esté relacionado a ello, en primer término se hace entonces preciso que aclaremos las diferencias que existen entre un blog y una página web tradicional.

Ciertamente hablar de blog, y de hecho por su origen histórico estaríamos hablando de una página web. Sin embargo, el blog cuenta con características especiales que las podría separar de las páginas web tradicionales, pese a que el fin podría estar muy ligado en su origen, la forma y estructura podría crear una enorme brecha entre una y otra básicamente por estilos de estructuras.

Un blog como bien hemos dicho ante, es un sitio web en manos de una persona o una empresa a través de la cual se pueden tratar temas particulares que resulten interesante para un público o nicho en particular, como estructura particularmente posee la característica de estar en constante publicación de contenido, y ese como resultado lleva un estricto orden cronológico inverso, sin embargo es un método muy eficaz y fácil pero altamente profesional para mantener un contenido fresco para el público al cual deseas alcanzar.

Para diferenciar la idea del blog respecto a lo que es la página web es que su enfoque principal radica en mostrar publicaciones periódicas que son conocidos como artículos o post, es decir, podríamos hacernos la idea de que un blog es algo relativamente parecido a un "diario", sin embargo la periodicidad con la que se realizan dichas publicaciones puede perfectamente variar, existen blog que se dedican a actualizar a diario, mientras que otros lo hace quizás semanal, quincenal o mensual o de la manera que mejor desee el administrador de dicho recurso.

Otro de los detalles importantes del blog es que cuenta con la posibilidad de que al final de cada post exista un apartado en el que el lector puede dejar un comentario en el que puede aportar una idea, responder preguntas o incluso puede ser usado a manera de foro para conversar con otros usuarios respecto al tema que refiere dicha publicación.

De manera que esto le brinda otra de las ventajas a diferencia de las páginas web normales, que es la capacidad bidireccional que posee el blog.

De acuerdo a la historia registrada respecto a la aparición de la palabra "blog" se dice que para mediados del año 1997 Jorn Barger acuño por primera vez el término "weblogs" como forma de referir el hecho de anotar o registrar el mundo web, (loggin the web), luego para la fecha de 1999 esta palabra sufrió una separación quedando en we blog, esto trae como resultado que a partir de ese momento lo conozcamos con el nombre de blog.

Dicho esto entonces sabemos que la palabra blog cuyo origen weblogs tenía un sentido fundamental a la idea de ´diario digital´ en el cual se puede ir agregando cronológicamente mucho contenido.

Ahora bien, si estas intentando desarrollar tu propio blog presta atención, se requiere algunas elementos básicos igualmente que serían por decirlo de alguna manera las herramientas necesarias para poder llevar a cabo tu blog, algunas de estas herramientas podrían estar en tus manos y para la otra deberías necesariamente solicitar un prestador de servicios web

- *Contenido*: indudablemente que lo primero que necesitas a la hora de llevar a cabo un proyecto de elaboración de blog es tu contenido, debes tener claro de que es lo que se tratara tu ´sitio web´ y tener desarrollado un plan bien establecido para que este blog se mantenga completamente actualizado de acuerdo a los requerimientos de tu público o clientes potenciales.

Elegir el contenido adecuado será el principio del éxito de tu camino a poder hacer buenos negocios dentro de esta plataforma, ya que es el contenido la vitrina donde se exhibirá el producto que va a consumir tu cliente, en otro apartado estaremos ampliando una serie de consejos para que puedas elegir y desarrollar el mejor contenido para tu blog.

- *Dominio:* el dominio vendría a ser el documento de identidad de tu blog, es el nombre principal que va a llevar tu sitio, dicho de otra forma es la denominación a través del cual tu cliente va a lograr encontrar tu sitio a través de la internet, ejemplo: ejemplo.com
- *Hosting:* el hosting es justamente esa nube en la cual se almacenara los datos de tu blog o sitio web, para tener una idea más practica podríamos decir que el hosting es el súper ordenador donde se alojara tu dominio, y te prestará el servicio para que puedas colocar tu contenido y pueda ser visible a tu público o posible cliente, la manera será colocando en los buscadores la dirección o dominio que elegiste y así tendrá acceso a toda esa información.

Para hacer uso justamente de este servicio existe la posibilidad de acceder a él de manera gratuita, cuyo mayor beneficio podría ser el hecho de ser gratuito, pero que en realidad esta sobre cargado de un sinfín de limitaciones, y por otro lado las empresas que ofrecen este servicio de manera paga con un alto índices de beneficio, ya estaremos ampliando con mayores detalles esta información.

- **Gestor de contenido:** el gestor de contenido es una de las herramientas más determinantes, se trata de una serie de aplicaciones que permite desarrollar los métodos de trabajos necesarios para poder desarrollar todo lo que es el contenido que agregaras a tu sitio web, algunas de las más importante que encontramos en la actualidad podríamos mencionar wordpress.

Teniendo en cuenta todo lo mencionado atrás podríamos decir que no falta absolutamente nada en el aspecto técnico para llevar a cabo tu proyecto de desarrollar satisfactoriamente un blog, en adelante iremos evaluando entonces los medios a través de los cuales este blog se traducirá en ganancias efectivas para ti.

Plataformas para desarrollar tu blog

Como ya hemos mencionado en otra oportunidad, algunas de las herramientas que se requieren para llevar a cabo este interesante proyecto serían elementos como el hosting, el gestor de contenido, y el dominio, estos elementos se encuentran alojados al mundo web y para poder acceder a ellos requieres de la intervención de un tercero que sería en todo caso el prestador de dicho servicio, Por ello existen algunas "plataformas" que serían empresas virtuales que se encarga de gestionar todas estas herramientas y librarte de toda esa gestión de manera que solo quedaría de tu parte desarrollar el contenido para tu blog.

Plataformas gratuitas

Estos se tratan fundamentalmente de algunas plata-formas de carácter masivo a las cuales puedes acceder y hacer uso de sus servicios sin ningún costo, son sumamente fáciles de usar y requiere poco esfuerzo para mantenerla, de hecho casi que solo debes preocuparte por añadir el contenido sin embargo, además de su carácter gratuito y a posibilidad de añadir tu contenido sin restricciones existen verdaderamente pocos beneficios en diferentes sentidos, principalmente en el sentido técnico.

Ventajas de las plataformas gratuitas

- *Facilidad:* justamente como ya hemos mencionado, este particular que podría parecer una limitación, llegaría a ser uno de los elemento beneficiosos para algunos, todo siempre dependerá de la necesidad de cada quien, la verdad es que la aplicación y uso de los blog dentro de algunos sistemas educativos se viene implementando, pues en este caso no requieren de mayor cosa por lo tanto esto sería suficiente para ellos.

- *Agilidad:* por lo general estos sitios web que ofrecen este servicio te otorgan todas las herramientas necesarias, no debes preocuparte por otra cosa que no sea añadir el contenido.

- *No necesitas desarrollador:* dadas las características propias de estas plataformas, tendrás la oportunidad también de ahorrarte algo de dinero ya que no necesitaras desarrolladores.

Desventajas de las plataformas gratuitas

- *Poco atractivo:* en primer lugar debemos

mencionar sin duda el problema estético que representan este tipo de sitios, me refiero principalmente al tema del dominio, ya que el protagonismo se lo lleva verdaderamente la plataforma que te está ofreciendo el servicio de blog gratuito, por lo general usaras en realidad un subdominio o mejor dicho un prefijo del dominio principal.

El mayor problema con la estética del dominio que hayas decidido aplicar a tu blog es que lo hará bastante largo y difícil de recordar, ya que como acabo de mencionar realmente será un subdominio que dará el mayor protagonismo a la plataforma como tal, veamos un ejemplo, asumamos que la plataforma que me ofrecerá el servicio de blog gratis se llama "blogsgratis.com" y mi blog que se trata de ejemplos, decido poner como subdominio es de hecho "ejemplo" el resultado sería algo más o menos como www.ejemplo.blogsgratis.com.

Sin duda alguna esto para fines comerciales lo cual es lo que nos atañe en este momento no resulta para nada atractivo, fuera de que resta seriedad a tu propósito comercial en realidad.

- *Baja calidad gráfica:* me refiero

fundamentalmente al tema del diseño, estos suelen ser bastante básicos y restan, al igual que el punto anterior, ese carácter profesional y llamativo que requiere una buena estrategia de marketing para lograr el objetivo de ganar dinero a través de este medio.

- *No hay oportunidades de expansión:* el blog es un paso que sirve para aprovechar el tráfico de personas que requieren de la información, servicio o producto que tú ofreces, de manera que este blog podría realmente ser un puente que te lleve de un punto de partida como el contenido del blog a otro punto, llegar a otro punto se haría difícil con estas modalidades, ya que una de las características de estos modelos de plataformas es que no puedes instalar herramientas extras como plugins u otros, sino que solo tendrías acceso exclusivamente a lo que el diseño del blog gratuito te permita.

- *Estas solo en esto:* sin duda todo en la vida podría acarrear ciertos problemas de elaboración o ejecución de manera que en caso de alguna posible falla, no hay a quien acudir, no tienes un número telefónico, quizás hallarás algún correo electrónico (que esta demás decir casi nunca reciben respuesta) o una redirección a una sección de ayuda que por regla general encuentras que habían millones de problemas que no sospechabasg y ahí están resueltos, pero tu problema particular nadie sospecho que podría pasar jamás.

La lista podría extenderse aún más, sin embargo no nos detendremos en estas cosas, vale más que avancemos ahora a evaluar cuáles son las características de esas plataformas de pago y las ventajas, para así emitir un juicio equilibrado de que es lo que requieres para tí y puedas tomar una decisión prudente y objetiva a la hora de iniciar tu propio blog.

Plataformas de pago

Si estás en ese sueño de poder desarrollar una manera práctica de ganar dinero a través de la publicación de artículos y contenidos interesantes, además incluso ofrecer algún producto o servicio que puede convertirse en tu empresa y la mejor manera de lograr la libertad financiera, no podrías hacerlo a través de una estrategia que no te ofrezca inicialmente esa libertad.

La analogía es casi perfecta, es que la libertad no se obtiene con cadenas a cuestas y querer logar libertad financiera o al menos lograr ganar buen dinero a través de un blog, no sería para nada lógico que lo desarrolles con plataformas que te restan esas libertades.

Por esta razón, una de las mejores decisiones que puedas tomar para llevar a cabo este proyecto sin duda alguna que será aventurarte por este medio que resulta altamente beneficioso, vamos a evaluar cada uno de los beneficios que te ofrecen las plataformas en las cuales requieres hacer una pequeña inversión que sin duda se traducirá solamente en beneficios.

Ventajas de las plataformas de pago

La principal ventaja que podamos mencionar en esta ocasión sin duda que será el control absoluto que podrás ejercer sobre tu blog, tendrás la posibilidad de agregar publicidad que por cierto es otra gran manera de monetizar y muchas ventajas que pasaremos a describir a continuación.

- *Posesión absoluta del seo:* la independencia

que obtienes es totalmente fantástica, y una de las ventajas más extraordinarias es la posesión absoluta del SEO, de manera que todos los motores de búsqueda al direccionar hacia tu contenido será exclusivamente para ti, esto asegura el tráfico de usuarios, que sin duda se traducen en potenciales clientes para ti.

- *Solo inviertes una vez:* plataformas muy reconocidas como wordprees podrían ser una gran oportunidad para seguir expandiéndote sin ningún problema, ya que el resto de herramienta que te ofrecen, muchas son totalmente gratuitas por lo que no tendrás que hacer inversiones extraordinarias, muchas de las mismas ya están y puedes usarlas cuando quieras.

- *Puedes saltar:* lo que planteábamos respecto a la modalidad gratuita referente a los posibles problemas con la plataforma no representan para nada problema en esta modalidad, de ninguna manera estás atado a ninguna plataforma, de manera que el día que alguna no cumple tus expectativas podrías fácilmente dar el salto fuera de ella y hacerte del proveedor de servicios que mejor se adapte a tus exigencias.

- *Alto profesionalismo:* esta es una de mis favoritas, aquellos que están realmente preocupados por la estética de su blog y por la apariencia esta le será realmente una de las mejores razones, podrás tener la libertad de agregar el diseño que desees, podrías usar plantillas impresionantes que podrías encontrar a través de la web o podrías apoyarte en un diseñador web que le aporte las características que desees a tu web.

Es que sin duda el diseño es parte importante para tu sitio ya que como hemos mencionado esta es la vitrina donde se exponen los productos o servicios que ofrecerás a tu potencial cliente, por ello deberá tener la mejor apariencia posible.

Existen muchas otras razones que sin duda serían de gran beneficio para tu propósito y por lo cual se recomienda hacer uso de estas plataformas, además de esto podemos mencionar una infinidad de plataformas que en este momento podría ofrecer un magnifico servicio en este sentido, por su practicidad y además por la consolidación que han tenido dentro del mercado, una de las más importante que podemos mencionar al momento es sin duda wordprees sin embargo hay otras que también serían recomendables.

Entre este resto de beneficio podemos mencionar elementos como el control absoluto de tu página web, incluso la capacidad de recibir un número indefinido de correos electrónicos, solo con una simple ampliación de tu disco duro y otros elementos que lo harán particularmente y en definitiva la mejor opción para invertir a la hora de iniciar tu proyecto de convertirte en un gran blogger.

2

HAGAMOS UN BLOG PARA GANAR DINERO

$\mathcal{H}$a quedado claro ya que en definitiva el mejor mecanismo para poder realizar un blog que se traduzca en una nueva forma de generar ingresos, no podría ser un blog como el que ofrecen aquellas plataformas gratuitas, como ya vimos en el capítulo anterior, la única manera de tener el control absoluto para desarrollar un blog tal y como queramos, que represente nuestra imagen si se quiere corporativa, y que hable del nivel de profesionalismo que tiene aquel que es responsable del blog seria únicamente accediendo a los servicios de aquellas plataformas que exigen una inversión tal como el caso de wordpress entre otras.

En definitiva ganar dinero no se lograra jugando al blogger, sino que es algo que debe llevarse con todo el profesionalismo que amerita el caso, para ello debemos comenzar entonces a dar los pasos determinantes para llevar a cabo nuestro objetivo y no morir en el intento, vamos a enumerar una serie de consejos que sin duda alguna serán útil para que comiences a dar los primeros pasos en este proyecto, y no solo eso, sino tratar de asegurarnos que llegues a feliz puerto.

Maneja ideas claras

Debes enfocarte en todos los pasos, y no divagar, es decir, incluso debes analizar primero todos los pasos que te estaremos mencionando a continuación, a fin de que puedas tener todos los pasos bien definidos y evites la improvisación, observa con cuidado en sí qué es lo que quieres, cómo lo quieres, cuándo lo quieres, de manera que hagas un ahorro eficaz de tu mayor recurso que es el tiempo, pero también puedas hacer un uso inteligente de tu dinero, que por mucho o poco que pueda significar, estamos es tratando de ganar dinero, perder o mal gastar no es una opción en ninguna manera.

Elige con inteligencia

Escoger el tema de tu blog no es tarea fácil, recuerda que el contenido del mismo es la puerta de entrada a tu operación financiera, por ello debes estar convencido que el tema que escojas para tu blog sea un tema con el que verdaderamente te sientas cómodo, esta justamente es la piedra de tranca para muchas personas que tienen el deseo de desarrollar un proyecto como este, elegir una temática que sea adecuada resulta en algunas oportunidades un poco cuesta arriba.

Sin embargo existen algunos métodos que te podrán ayudar a que este punto no se convierta en tu enemigo, sino que en efecto sea la palanca que te pueda garantizar el despegue definitivo para que surjan ideas completamente claras y triunfar a la hora de crear una temática.

En primer lugar debes tener en cuenta que existen tres grandes temas principales de interés para toda la sociedad que navega por estas vías en línea, podríamos llamarle "los súper temas" estos serian.

- Salud
- Dinero
- Relaciones

No implica esto de ninguna manera que no existan más nichos en los cuales puedas ahondar, sin embargo, estos tres son casi que el punto de partida para otra serie de sub temas que podrías encontrar para tu blog, ejemplo, en el área de salud podría desprenderse temas como: la obesidad, temas del corazón, la salud emocional, una sociedad saludable, y pare usted de contar todo aquello que puedas desarrollar en esa área.

Igualmente en el nicho de dinero puedes entonces desarrollar temas interesantes como: métodos de finanzas en el hogar, cómo generar dinero en internet, salud financiera, y sin duda un sinfín de sub temas que pueden servir para agregar tanto contenido como desees, de hecho, tienes tanta tela para cortar que incluso de un sub tema podrías desarrollar otra serie de subtemas, por ejemplo, al hablar de salud financiera en el hogar podrías subdividirlo en: cómo administrar las finanzas del hogar, luego en el mismo orden de ideas agregas otro tema cómo: cómo generar ingresos extras que optimicen la salud financiera dentro del hogar; y así muchas ideas dentro de este nicho podría darte argumentos suficiente para enriquecer tu blog tanto como lo desees.

Sin embargo, además de los tres temas o nichos principales como los que acabo de mencionar existen otros temas por separados que también podrían servirte como herramienta para enriquecer tu blog, eso ya dependerá entonces del público objetivo que pretendas alcanzar a través de tu blog; podrías por ejemplo hablar de temas aeroespaciales, video juegos, deportes, etc.

Ahora, para lograr un mejor enfoque e ir definiendo de una vez por todas el tema que vamos a elegir para nuestro blog, vamos a analizar una pequeña serie de consejos que pueden ayudarnos a tener una mejor claridad y a su vez objetividad para poder llevar a cabo el blog con altas probabilidades de éxito.

- *Haz una amplia consulta:* lo primero que debes realizar es esto, date un paseo por foros, grupos de Facebook o cualquier otro medio o red social en los que puedas ir encontrando esos temas de profundo interés para el contexto en el cual te desarrollas, observa a todos aquellos contactos que posiblemente tengas en tus redes y saca partido de ellos, fíjate de que hablan, a que grupos pertenecen cuáles son sus gustos en común etc.
- *Determina el tema:* logra identificar cual es el tema al cual se va a dedicar tu blog, recuerda que no enfocarse podría ser el peor enemigo,

el que anda por cualquier camino no llega a ningún lado, es decir, no sirve de nada lanzar la red en cualquier lugar que veas agua, eso no es garantía que debajo hayan peces.

Para definir de una vez por todas cual será el tema, debes primero pensar en un tema con el que te sientas cómodo, seria verdaderamente engorroso encontrarte hablando de cosas con la cual no estarías familiarizados, no digo que no sea posible, mucho menos que no sea recomendable, sí podrías hacerlo basado en tu objetivo principal que es monetizar, recuerda que esto es un negocio no un hobbie.

Sin embargo a pesar de tener esa situación clara y tomar tu blog con total seriedad lo más factible para que el blog fluya con mayor facilidad, siempre será mejor que se trate de un tema con el que te sientas cómodo.

- **Disfrútalo:** alguien dijo una vez, *"no tengo todo lo que quiero, pero si quiero todo lo que tengo"*, se hace preciso que repita esta idea, y esto es porque en la mayoría de los casos vas a encontrar personas que te recomendarán sin derecho a réplica que para hacer tu blog debes elegir un tema que sea absolutamente

de tu pasión, eso no está mal en sí mismo,
todo va a depender de tu objetivo específico,
y qué tanto se ajuste tu pasión al objetivo
particular por el cual piensas desarrollar tu
blog.

En el caso que nos compete se trata de que tu propósito de desarrollar este proyecto en cuestión lleva como objetivo principal convertirlo en una manera de generar ingresos y convertir el blog en una fuente de ingresos constantes, pero resulta que tu pasión podría ser descubrir si las hormigas podrían sobrevivir en algún planeta ubicado en la galaxia EGS-zs8-1, y es perfectamente válido que te apasiones ese o el tema que sea, pero ¿qué capacidad de atracción para posibles clientes podría tener tu pasión?

Sin embargo, si tu pasión es el futbol y tienes grandes destrezas en este tema, indudablemente podrías encontrar un buen tráfico para tu página desarrollando temas que sin duda ocupan la mente de muchas personas.

Pera más allá de eso, no importa que el tema en cuestión no sea el de tu preferencia, a donde queremos llegar es que sea un tema que te resulte amistoso y del que incluso eventualmente puedas terminar enamorándote, esto te brindara la mayor capacidad de no convertir esta nueva tarea en un problema sino que incluso se podría convertir en una manera de disfrutar tu día a día.

- *Identifica a tu cliente:* para crear un producto indudablemente debes identificar a tu consumidor, imagina que te propones vender tecnología pero vives en una comunidad amish, sería una completa contradicción, debes lograr identificar plenamente a quien es qué quieres vender para así poder tener una absoluta coherencia tema-cliente.
- *Determina la utilidad:* uno de los mecanismos que te ayudaran a despejar cualquier duda sobre si lo que piensas escribir podría ser productivo o no es preguntarte ¿cuán útil podría ser esto de lo que estoy escribiendo? El nivel de utilidad que puedas encontrar sobre ese tema, será el mismo nivel de atención que recibirá el tema sobre el cual estas escribiendo.

Ponle un nombre a tu blog

Ya hemos hecho unas pequeñas referencias a este

tema antes, este es un paso determinante ya que es por decirlo de alguna manera, la tarjeta de identificación de tu sitio web, una vez hayas identificado el tema en el cual se vaya a enfocar tu blog debes procurar entonces lograr darle un nombre que defina de la manera más breve pero impactante cual será el nombre con el cual lo identificaras para entonces proceder a convertirlo en una "URL" (Uniform Resource locator) esto quiere decir en español "localizador uniforme de recurso", para definirlo de una manera muy práctica y sencilla es la identificación a través del cual se pueden ubicar todos los recursos alojados en la web, al decir recursos no estamos refiriendo por ejemplo a tu sitio web o blog.

Además del asunto principal que no es otro más que aquel tema en el que se vaya a basar tu sitio web, existe una serie de elementos que debemos tener en cuenta a la hora de elegir un nombre para dicho dominio que nos podrán ayudar a no cometer fallos y apuntar a aprovechar lo más que se pueda la elección de este, veamos algunos consejos.

- **Establece la meta:** estamos totalmente claro cuál es tu objetivo, en definitiva todo se trata de monetizar; en otro apartado estaremos hablando de las diferentes formas de lograrlo a través de un blog, sin embargo por ahora resta decirte que debes fijarte bien en dicha estrategia, para poder establecer la meta, debes tener metas claras, que puedan ser expresadas de manera sencilla con pequeños objetivos que te van a ir ayudando a lograr eso que quieres alcanzar.

- *Delimita tu sitio web:* basado desde luego en la estrategia que vas a utilizar para monetizar debes entonces definir en que se enfocara tu blog, ¿vas a reflejar información de ti o una empresa? O por otro lado puedes hacerlo solo a forma de información de interés que podrían incluir asuntos personales, temas de interés social, arte, deporte o cualquier otro.

- *Debes elegir nombres cortos:* sobre todo que sean recordables, por aspectos como la coherencia, esto es sumamente importante, debes considerar las palabras claves o técnicas que se relacionen con el nicho que vas a tocar, pero asegúrate que no sea tan limitante, recuerda que existen nichos que te pueden permitir abarcar suficiente espacio por la cantidad de sub nichos que pueden surgir de estos, entonces asegúrate que tu nombre tenga la capacidad técnica de abarcar todos aquellos temas que puedan surgir de tu nicho, sin que pierda la coherencia entre el nombre de tu dominio y los posibles temas a tratar.

- *Considera el branding:* lo más seguro es que la productividad de tu blog sea más que suficiente motivo para considerarlo como una empresa, por ello debes estar muy atento a la posibilidad de que en un futuro, este blog termine convirtiéndose en una marca, por ello debes tener en cuenta a la hora de elegir tu nombre de dominio que esto podría ser una limitante a futuro para el desarrollo de tu marca.

Por lo antes dicho es que siempre recomiendo, ten una mentalidad con características de progreso, siempre piensa en grande, recuerdo que en el colegio un profesor siempre mencionaba la siguiente frase, *"quien no aspira ser papa, no llega ni a capellán"* por esta razón debes siempre apuntar a crecer, y desde el principio en los niveles más bajos de tu proyecto, piensa en el futuro.

Sin embargo sería fácil alegar que en el futuro se podría ir viendo y cubriendo las necesidades, sin embargo hacer un cambio de dominio sin duda alguna generará un gasto extra que bien puedes ahorrar si te planificas desde ya.

- *Sobre las palabras claves:* es cierto que esto fue muy determinante durante mucho tiempo para algunos usuarios, usar palabras claves es una manera sin duda de mejorar el SEO y de esta forma posicionarse en google, pero la verdad es que esto ha dejado de ser tan relevante ya que últimamente esto no ha sido un factor tan importante para google a la hora del posicionamiento.

Debes entonces considerar que si usas esta estrategia podrías estar sin una verdadera necesidad objetiva, limitando la posibilidad de crear un dominio que tenga características únicas y originales que podrían ser parte interesante a la hora de desarrollar una buena estrategia de marketing.

Escoge un alojamiento o plataforma

Tenemos aquí un punto verdaderamente importante, la plataforma en la cual vas a alojar tu dominio, es decir tu blog, de manera que sería como el edificio que vas a elegir para montar tu empresa, indudablemente necesitas hacer la mejor elección, lo principal que debes considerar que se trate de empresas sólidas, que tengan alta trayectoria y sobre todo que te ofrezcan los mejores beneficios posibles, evita por razones de seguridad aquellas empresas que se mantienen haciendo ofertas dudosas o cuyos dominios culminen en "info, mobi" o cualquier otro parecido.

Hazte de una vez de dominios .com o quizás .net de igual forma encontramos .org dentro de las mas conocidas en este momento y que ofrecen un excelente servicio sin duda es wordpress, como consejo final procura que tu dominio se trate de palabras continuas en lo posible no uses dos vocales ni le agregues signos o símbolos por ejemplo, no hagas cosas como "mi-ejemplo_perfecto.com" esto es principalmente antiestético y poco recordable tal cual como ya lo mencionamos antes, lo ideal sería algo como: "miejemploperfecto.com" sin embargo, podría suceder que este dominio ya esté ocupado por otro blog o página web de manera que debes seguir estudiando las palabras objetivas que se relacionan con el nicho que ocupa tu blog.

Elabora un diseño coherente

El diseño de tu blog será la caratula de tu disco, es

decir en el debes reflejar de forma sistemática elementos que estén necesariamente relacionado con el tema que manejas y además con el propósito, esto incluye colores y todos los elementos que envuelvan el diseño de tu página.

La suerte que tienes en este momento es que la forma de lograrlo es relativamente sencillo ya que cientos de plataformas te ofrecen la oportunidad de contar con esos elementos necesarios y diseños pre elaborados para ponerle buen rostro a tu sitio.

1. *Presta atención especial a los colores:* ya es completamente normal saber que en el área de los diseños el color es un a materia de estudio profundo, ya que los aspectos de atracción en el tema del marketing y causar un impacto deseado en el usuario y/o consumidor tendrá mucha relación con los colores y las intenciones que se quiere lograr a través de ellos.

2. *No abuses:* esto referente principalmente al tema de los colores, no significa de ninguna manera que mientras más colores vaya a resultar más atractivo, en serio, lo más recomendable será elegir muy bien los colores cuya aplicación y atracción sea la

mejor para el propósito que quieras, pero sobre todo procura que no sean más de tres colores esto considéralo como un punto verdaderamente importante.

3. *Cuidado con la fuente:* suele ser un error en muchas ocasiones querer ser muy atrevidos con el modelo de letras que utilizas, recuerda que aquí el protagonista será siempre el contenido no la letra con que lo haces, de manera que, dependiendo desde luego del carácter de tu blog, procura usar fuentes adecuadas, y por regla general un máximo de tres fuentes, no más de eso.

Además de todo lo dicho anteriormente, debes considerar algunas ideas favorables que sin duda enriquecerán tu página web, algunos de estos son por ejemplo el mantener tu página en orden, lamentablemente en el mundo web, se está reflejando mucho de los problemas que nos afectan como sociedad, ¿has visto el escritorio de una computadora de una persona promedio? Espero no sea tu caso, pero por lo general es un revoltijo de todo: documentos, imágenes, descargas, canciones, recordatorios, aplicaciones, y pare usted de contar la cantidad de cosa que ahí se encuentra.

Pues todo eso suele verse ahora en las páginas web, botones plugins, anuncios, banner, imágenes comentarios, publicidad regado por todas partes con toda suerte de multicolores y un muy largo etcétera, esto indudablemente le resta presencia a tu blog y lo convierte más en una especie de circo virtual para un sitio web que merezca ser medianamente respetable.

Sabemos que el ojo humano al menos de los que nos encontramos en la zona occidental del planeta ha desarrollado ciertos patrones de conducta por motivo de nuestra estructura propia, de manera que en el mundo web siempre vamos a mirar de arriba abajo y como es normal de izquierda a derecha pues es el patrón que usamos para la lectura; bien, basado en esta información has uso de la jerarquía visual, ¿Qué quiere decir esto? Es sencillo, basado en lo que acabo de explicar debes ubicar tu contenido priorizando de acuerdo al patrón de conducta de tus ojos.

Asumamos que en tu blog quieres invitar al usuario o lector a que compre cierto artículo, lo correcto sería que ubiques en el orden adecuado, la información respecto a aquello que quieras vender, y seguidamente en el orden que lógicamente iría la vista al terminar colocarías la ventana comprar.

Si tu blog tiene como objetivo realizar la suscripción a una revista o elementos parecidos ya sabes que en la prioridad de visibilidad debe estar el botón "afiliarse".

Otro elemento del que debes fiarte es que tu blog cuente con una buena edición para la versión móvil, recuerda que la tecnología a simplificado el uso de acceso a la web, y cientos de personas acceden a ella sin necesidad de necesariamente acercarse a la computadora, sino que muchos de los usos on line lo gestionan a través de los equipos móviles, por esta razón debes considerar esta opción como de alta importancia, por suerte muchas plataformas como Wordpress te brindan herramientas excelentes para que esto no represente para nada un problema para ti.

Crea un calendario de contenidos

Lo que dará utilidad a tu blog y lo convertirá en algo productivo será sin duda el tráfico de personas, que resultarían en todo caso el cliente potencial que te ayudara a lograr el objetivo principal, que es en definitiva hacer que tu blog se traduzca en ganancias, por esta razón debes asumir con profunda responsabilidad la tarea de crear contenidos para el mismo.

Jamás deberías usar tu blog a modo de diversión en el cual hablarás de vez en cuando de algún tema que esté en boga y luego olvidarte por un año de aportar información que resulte de interés para tus posibles clientes objetivos, por esta razón se hace de vital importancia que elabores un calendario de contenidos que mantenga a la gente a la expectativa sobre lo que tendrás para ellos de manera periódica.

Además de todo lo dicho, veamos algunas razones objetivas por la cual debes planificar sin demora un plan de acción para los contenidos futuros que ofrecerás.

- *Ahorras tiempo:* no hay mejor manera de optimizar el uso del tiempo que un plan bien elaborado, estar improvisando, haciendo algo cuando se te ocurrió es completamente una metodología desordenada, y el tiempo no perdona todo el tiempo que pierdas trabajando de manera desordenada jamás volverás a recuperarlo.
- *Ética profesional:* definitivamente no es lo mismo "decir algo, y tener algo para decir" estas dos formas de ver las cosas son las que determinarán el carácter profesional de tu blog y eso se visualizara como respeto hacia

tus lectores, contar una cosa es algo que cualquiera podría hacer, tener algo para contar es otra cosa, eso requiere planificación, investigación, seriedad absoluta, eso sin duda marca la diferencia, y solo se logra haciendo un plan eficaz de trabajo para el desarrollo de contenidos.

- *Evitas el incumplimiento:* quizás dentro de tu estructura imaginaria te planteas ciertas metas a alcanzar, sin embargo la falta de un verdadero plan, por escrito, o dicho de alguna forma, "a la antigua" se incurre frecuentemente en el incumplimiento de tus propios propósitos.

En la actualidad la cantidad de blogs y sitios web que se encuentran alojado en las distintas plataformas son millones, sin embargo el crecimiento de uso de esta maravillosa herramienta es incalculable, así que si vas a usar este medio para monetizar debes garantizarte a ti mismo no solo ser bueno, debes ser el mejor.

3

CLAVES IMPORTANTES

$\mathcal{E}$xisten algunos elementos que quizás ya le hemos hecho alguna mención, sin embargo se hace preciso que ahondemos con mayor cuidado en cada una de ellas, esto a fin de garantizarnos un trabajo eficaz, lograr tener un sitio web con una herramienta tan poderosa como lo son los blog son de alguna manera garantía de poder lograr un buen objetivo como es monetizar, debes fijar tu atención en ciertos aspectos importantes y tratar por todos los medios que estos aspectos sean completamente alcanzables.

Encontrar tu nicho

Encontrar un nicho es de vital importancia, pero más importante en este momento es poder definir claramente a que nos referimos cuando usamos este término, de acuerdo al lenguaje de la mercadotecnia, cuando hablamos de nicho nos estamos refiriendo específicamente a ese fragmento de un determinado mercado en el que muchas personas guardan un especial interés, y que por ende es en ese que te vas a enfocar para poder desarrollar ese rubro a través del cual podrás llevar a cabo tu objetivo.

Para poder determinar cuál será tu público y por ende tu cliente potencial debes enfocarte claro en cuál es tu nicho, de lo contrario te mantendrás a la deriva y jamás lograras concretar un negocio que sea medianamente rentable, a menos que tengas estos elementos completamente claros en tu proyecto, para poder identificar de manera correcta qué es un nicho veamos las siguientes características que lo definen correctamente.

- Cuando Hablamos de nicho nos estamos refiriendo a un grupo en específico, es decir a ese sector particular, bien sea personas, empresas, grupos deportivos religiosos, o cualquiera por el estilo al cual podré lanzar mi red con un alto margen de efectividad.
- Estos poseen necesidades compartidas o muy parecidas lo que permite que puedas

hacer un alcance más efectivo con una estrategia.

- Estos desde luego poseen la capacidad de costear los pagos del servicio o producto que tú le ofrecerás.

- Pudiera ser incluso un grupo que ya esté recibiendo ayuda en el área que tú puedes ocupar, pero puedan estar experimentando alguna especie de insatisfacción con ese proveedor.

- Es lo suficientemente amplio como para considerar dedicar tu esfuerzo y considerar la posibilidad de desarrollar un negocio que resulte verdaderamente rentable para ti.

De esto último debes tener un especial cuidado, a la hora de elegir tu nicho no servirá de nada querer tomar decisiones basados en un juicio poco real de las posibilidades comerciales para lograr tus objetivos, de nada sirve entonces que aplique algún tipo de sentimentalismo poco objetivo en tu negocio, solo debes estar perfectamente enfocado en cuáles son las necesidades que tienen aquellos de tu nicho cuales son las capacidades objetivas que puedes tener tú en suplir dichas necesidades.

Es que es justo ahí donde están alojadas las ganancias de tu negocio, por ello tras determinar con exactitud cuál es tu nicho de mercado debes cada vez tratar de especializarte en este rubro y hacer todo lo que sea necesario para cada día ser el mejor en ello, veamos una serie de ejemplos prácticos en este sentido.

- *Revisa tus capacidades:* has una evaluación justa de cuáles son tus capacidades, cuáles son las herramientas con las que cuentas, solo a través de esto podrás ver cuáles son las verdaderas oportunidades objetivas de encontrar un negocio que resulte verdaderamente confiable.

Debes sin duda alguna hacer una justa evaluación de cuáles son los recursos con los que cuentas para llevar a cabo tu empresa, nadie que va a empezar un edificio no se sienta primero a evaluar si posee el capital para llevar a cabo su proyecto, no sea que llegue apenas a mitad de camino y se encuentre sin recursos y sin su meta cumplida, es decir en la banca rota.

- *Decide tu especialidad:* querer abarcar todo es un error, por ello entonces debes empezar por decidir cuál será tu especialidad en relación al mercado objetivo al cual quieras alcanzar, por ejemplo, si vas a llegar a una ciudad en particular, o regiones con determinadas características, quizás se trate de empresas que requieran de tus servicios, tipos de empresas, o igualmente si se trata mujeres, niños, hombres, es decir enfócate en un grupo con determinadas características especiales.

Puede ser un enfoque en lo que vas a ofrecer, por ejemplo, diseño de ropas, evalúa que tipo de ropas, para quien, etc.

- *Evalúa el potencial de esa zona:* una vez alcanzado de forma clara el paso anterior entonces evalúa cual es el potencial que representa el nicho que elegiste, debes observar con especial atención que tan alta es la demanda de tu producto o servicio, que alternativas hay, cuales son las maneras o mecanismos más prácticos de resolver la carencia o necesidad que puedan tener los posibles clientes potenciales representados en el nicho que has elegido, y para iniciar debes tratar de reducir tu alcance a la menor expresión rentable posible para que comiences con pasos cortos pero seguros y así de manera progresiva ir avanzando cada vez más.

- *Ve un paso adelante:* elegir el nicho no lo es todo, ahora debes estar con una mirada puesta en el futuro, desde luego que eso no se convierta en una razón para detener tu presente, si en tu análisis respecto a la sustentabilidad de tu negocio a futuro te lleva a detenerte y no replantearte, concluimos entonces que solo fue una excusa.

Ir mirando siempre hacia adelante es solo para evaluar que tan bueno seguirá siendo este nicho en el futuro, de manera que no te quedes luego a mitad de camino, evalúa los factores como capacidad económica del mercado, comportamiento de los elementos externos como inflación y otros.

Sobre todo lo antes dicho debes procurar que este paso que vas a dar es trascendente en la vida, siempre existirá sin duda cierto margen de error y quizás la necesidad en algunos casos de hacer un borrón y cuenta nueva, pero la experiencia que puedas adquirir en este sentido es verdaderamente importante pues podría ser la oportunidad de una mejor proyección futura.

Genera contenido de valor

El contenido de tu blog será el alimento de tu nicho, por esta razón no podrías darte el lujo de compartir cualquier cosa sin el mínimo juicio de valor por aquello que estás haciendo, estamos frente a una de las generaciones con mayor acceso a la información, lo que se traduce en altos índices de nivel cultural, por lo tanto ofrecer mal contenido sería equivalente a un pastor dar hierba seca a sus ovejas.

Para poder ofrecer un contenido que sea verdaderamente apreciable por tu público debes considerar algunas ideas importantes.

- En primer lugar debes observar con cuidado y detalle qué tipo de contenido requiere aquellos que sean tu cliente objetivo, recuerda que no se trata necesariamente de un blog de entretenimiento, aunque mucho del contenido podría parecer de entretenimiento, debes lograr un enlace perfecto entre como captar la atención de tu cliente de manera interesante entre el contenido que le regalas y el servicio o producto que le ofreces.

- Para lograr lo anterior debes sin duda alguna conocer a tu audiencia, para poder estar completamente seguro de cumplir sus expectativas debes entonces conocer cuáles son sus expectativas, revisa en otros lugares como páginas, redes sociales, grupos o foros donde hablen del tema y expongan abiertamente cuáles son sus deseos.

- Una vez que ya tengas realizado todo lo anterior ponte en labores de poder determinar cuáles son las palabras claves que debes utilizar para que el alcance de tu contenido sea atractivo, es decir, si tu nicho está enfocado en cierto rubro en especial, hazte de las palabras claves que podrían identificar la búsqueda general de tu público objetivo, así podrás garantizarte de la manera más práctica que el público que deseas llegue a ti.

Por ultimo entonces llénate de todo el argumento investigativo para que tu redacción resulte deliciosa, esta deberá ser en función del nicho, es decir, el tono con el cual te conectaras con tu publico dependerá desde luego del público en cuestión, las necesidades y las principios y valores que rodean a dicho público, esto ya lo deberías haber investigado de acuerdo a los primeros puntos expuestos.

Construye tu audiencia

Ahora sí, ya tienes todo lo anterior claramente identificado, elabora los métodos a través de los cuales les invitaras a ser parte de la información que tienes para compartirle, haciéndote hábitos tú podrás crearles hábitos a ellos.

De manera que debes cumplir con los compromisos con ellos, postear tus contenidos sin falta, realizar campañas que inviten a la acción a través de distintos mecanismos como las redes sociales, campañas publicitarias, correos electrónicos y otros, una alternativa muy práctica que está en buen funcionamiento en este momento son los podcast sin embargo puedes elegir la herramienta que deseas.

4

POSICIONAMIENTO DE TU BLOG

*L*legamos a un punto crucial en que trataré de hacerme entender con una interrogante ¿deseas un blog o un fantasma? La respuesta es clara, deseas un blog, sin embargo sin considerar el tema del posicionamiento tu blog podría perfilarse perfectamente en un fantasma, por ello debes ahora preocuparte por desarrollar las estrategias necesarias y pertinentes para que tu blog comience a sonar, que todos se enteren que existe y más aún que vayan a visitarlo hasta el punto de crear aquella comunidad de la que hablamos el capítulo anterior.

Las palabras claves

Debes estrechar una buena relación con elementos como google AdWords, y debes concentrarte en encontrar las palabras claves para tu blog, debes considerar la posibilidad de que no sean palabras tan solicitadas, ya que aunque puedan parecer altamente atractivas resultara un poco más difícil que logres estar en el primer lugar de los motores de búsquedas más importantes.

Ten cuidado con los Url procura que resulten cortas y fácil de recordar, y con estas mismas palabras claves procura formar tu keyword, no te dejes atrapar por las recomendaciones que te aparezcan por defectos ya que podrían estar llenas de símbolos o números sin sentidos, y para los motores de búsqueda podrían resultar ser más complicado de encontrar.

Presenta de manera creativa tus publicaciones

Además de tu url ahora enfócate con mucha atención en las publicaciones de tus contenidos, debes procurar por regla general utilizar nombre que sean descriptivos, por ejemplo "cómo hacer un buen pastel de chocolate", aunque es una regla general siempre existirá una excepción a la regla pero eso deberás consultarlo generalmente con algún experto dada ciertas circunstancias específicas, de resto considera lo que te estoy mencionando.

Realiza interlink

Un método efectivo para crear buen tráfico entre tus publicaciones, redes y otros elementos que se relaciones con tu nicho y que pueda generar un mejor posicionamiento web, es efectivamente compartir links dentro de tu blog, en cada publicación, en el diseño general y en el lugar que prefieras sin desde luego poner en riesgo la estética de tu diseño, pero crea un flujo interesante de usuarios por cada sitio que se relacione a tu información, así enriquecerás sin duda alguna la experiencia de navegación del usuario.

MANERAS DE MONETIZAR CON TU BLOG

$\mathcal{L}$as formas en que puedes lograr hacer dinero con tu blog tal y como ya lo hemos mencionado en varias oportunidades son múltiples, vamos a mencionar varias de estas formas que resultarían ser las más prácticas y de alguna manera sencillas de llevar a cabo.

Publicidad CPC

Es una de las formas más prácticas de monetizar a través de tu blog, se trata de anunciantes que te pagaran cierta cantidad de dinero (esto puede variar) por la cantidad de clic que reciban de su anuncio publicado en tu sitio web.

Esta forma resulta muy interesante y por ende muy utilizada por los anunciantes, ya que no debe pagar costes por colocar publicidad sino que solamente cancelara publicidad relativamente efectiva pues darán clic aquellos que en realidad estén interesado en el anuncio en cuestión.

Publicidad CPA

Las siglas se refieren a "coste por adquisición" es otro método muy útil para hacer algo de dinero a través de tu blog, se trata de anuncios dentro de tu blog que efectivamente giraran pagos a tu cuenta solo cuando la publicidad trascienda a una venta efectiva del producto que estas anunciando,

Sin embargo, los pagos de la modalidad "CPA" se llevaran a cabo solo ante planes de publicidad que tengan objetivos a muy corto plazo, por lo general las campañas publicitarias que harán uso de esta modalidad serán aquellas que requieren anuncios con fechas delimitadas, como por ejemplos "black fridays" eventos sociales, campañas de marketing de afiliación entre otros.

Pago por mil impresiones

Este es un método que resulta muy interesante ya que ofrece prácticamente un ingreso fijo, ya que el acuerdo sería que el anunciante ofrece una cuota fija por la publicidad una vez haya alcanzado las mil visualizaciones, estas serán medidas por los clic que reciba el banner publicitario que hayas colocado en tu blog.

Promoción de tu empresa

Sin duda que si tu llegada a este mundo fue con la intención de promocionar tu empresa, o si esta aún no existe podremos hablar de tus servicios o productos, en definitiva esta es una de las maneras más efectivas o al menos en la que debes enfocar todo tu empeño.

El blog o sitio web desde que se formó como una idea en tu cabeza debe estar pensada cada paso, cada detalle, cada esfuerzo entregado en ella, en lograr que sea tu propuesta comercial la que logre el éxito a través de tu blog, cada post que desarrolles como parte de tu contenido debe llevar una referencia que de forma sutil vaya invitando a la acción del posible cliente y finalmente acorralarlo al crear la necesidad de hacer uso de aquello que estas proponiendo.

Asumamos el caso hipotético de que te has dedicado a vender productos naturistas que ayuden a mantener un cuerpo saludable, podrías crear buenos contenidos de los cuales podrías abarcar temas como los "problemas de la obesidad, o la necesidad de mejorar tu alimentación" de manera que a través de dicho contenido puedas ir llevando a las personas a la necesidad de acceder a la solución que posteriormente podrías ofrecer y así logras el objetivo que te has trazado que finalmente es vender tu producto naturista.

De esta manera quedara solo de parte de tu creatividad o incluso de empresas especialistas en marketing que podrás diversificar las maneras de llevar a cabo tu propósito de monetizar, de hecho las posibilidades son tan amplias que podrías perfectamente hacer uso múltiple de tu blog.

Es decir podrías encaminarte por ofrecer tus servicios o productos, o anunciar tu empresa para lograr optimizar las ingresos de la misma, mientras que a su vez podrías crear campañas publicitarias CPA o CPC, y cualquier otro método de monetizar con ella, lo preferible desde luego será enfocarte y dedicar tu esfuerzo en una modalidad, pero sin perder de vista el resto, siempre y cuando como ya hemos aconsejado, no pierdas de vista la estética y el propósito de ti sitio web.

CONCLUSIÓN

Sin importar cuál sea la estrategia, lo importante realmente podría resultar que prestes especial cuidado y decidas poner todo tu empeño en lograr que aquel mecanismo que decidiste utilizar rinda los frutos necesarios, definitivamente todo requiere dedicación para que dé frutos, al igual que en cualquier área que decidas emprender, será tu entrega a esto lo que determinara que se convierta en algo realmente productivo.

Lograr monetizar a través de un blog no es un medio que puedas alcanzar de manera mágica, es decir no se trata de hacer un blog y con eso ya estás listo para empezar a ganar dinero, se trata de dar valor a cada cosa y a cada paso que debes dar para llevar tu blog al punto que deseas llegar.

Considera dar valor a lo que realmente valor merece, sabemos que no estas intentando hacer un blog con el que puedas entretenerte, sino que estas creando de alguna manera tu posible camino a la libertad financiera, por ello debes evaluar las diferentes plataformas y con gran inteligencia elegir cual es la que se ajusta más al propósito de lo que en realidad quieren alcanzar.

Todo lo bueno tiene un valor, y sin duda debes entregar algo de ti para que puedas encontrar lo que realmente requieres, para poder obtener la calidad que necesitas y así obtener los recursos necesarios para alcanzar tu éxito.

Sin embargo la verdad es que el desarrollo de un sitio web como un blog pudiera servir para muchos fines, podríamos hablar de fines de entretenimiento, informativos, o con fines comerciales, por ello lograr desarrollar un blog de calidad en la dirección que deseas llevar tu blog no será un trabajo fruto del empirismo, cada nicho podría tener su método y estrategia, por ello debes considerar llevar paso a paso todos y cada uno de los concejos que te hemos compartido en este volumen ya que tu enfoque está claramente definido.

Haciendo todo lo dicho anteriormente y además

considerar con mucha atención cuáles son las claves principales para llevar a cabo tu proyecto, será el camino correcto seguramente para lograr uno de los primeros propósitos que buscas al desarrollar tu proyecto web a través del blog en cuestión.

Un consejo que debes ir desarrollando y llevando a cabo desde ya es considerar establecer conexión con aquellos que ya han andado este camino antes que tú, recuerda que todo en la vida se trata de ensayo y error, y no existe la garantía que todo será un rotundo éxito desde el principio.

Sin embargo visto de la manera más objetiva posible podemos agregar que pate de ese éxito será sin duda el poder considerar como parte de tu aprendizaje aquellos errores, ya que sin duda estos serán los peldaños necesarios para ir llevando a buen puerto tu proyecto.

El hacer dinero a través de la publicidad por otro lado ha sido un método altamente utilizado durante muchos año en las diferentes plataformas comunicacionales, recuerda quizás utilizar este método como forma inicial para comenzar a recuperar de manera rápida, práctica y efectiva la inversión que ha requerido el desarrollo de tu sitio web.

Sin embargo no existe un mejor consejo que el del enfoque, no pierdas de vista por nada en el mundo lo que te has propuesto lograr, sin duda alguna que existen un sinfín de métodos de negocios que bien pueden incluir o no el uso de internet, sin embargo el que logres buenos o malos resultados dependerá fundamentalmente no de la plataforma que elijas, sino que esto ira más ligado al empeño y el esfuerzo que decidas poner en esto que has decidido utilizar, el éxito que otro haya alcanzado con otra herramienta o plataforma de trabajo, bien sea a través de la web o no, estoy completamente que depende única y exclusivamente al individuo y no de la plataforma, de manera que considera dar el uso correspondiente de esta guía y de toda tu fuerza de voluntad y comienza a ganar dinero a través de la web desde ya.

www.ingramcontent.com/pod-product-compliance
Lightning Source LLC
Chambersburg PA
CBHW031909200326
41597CB00012B/566